Korrinette et les cinquante balais

Jean-François JABAUDON

Korrinette et les cinquante balais

à Corinne pour ses cinquante balais

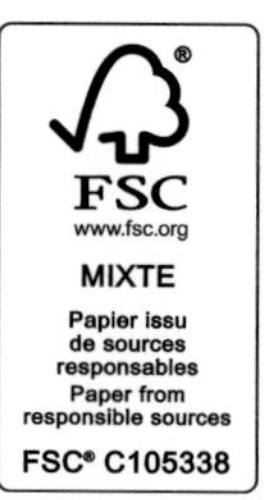

Édition : Books on Demand GmbH, 12/14 rond point des Champs-Élysées,
75008 Paris, France

Imprimé par BoD - Books on Demand, Norderstedt, Allemagne

ISBN: 9782322033294

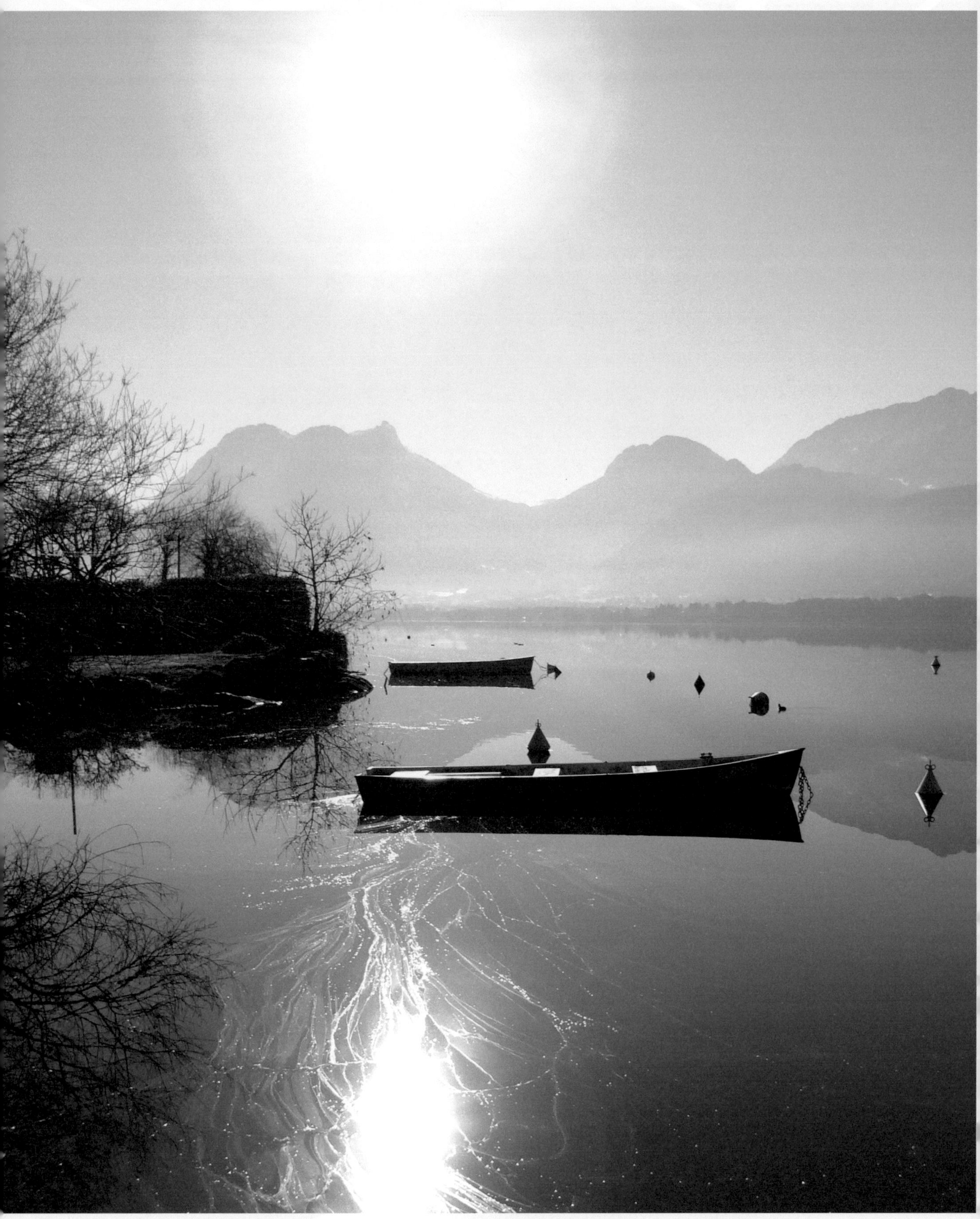

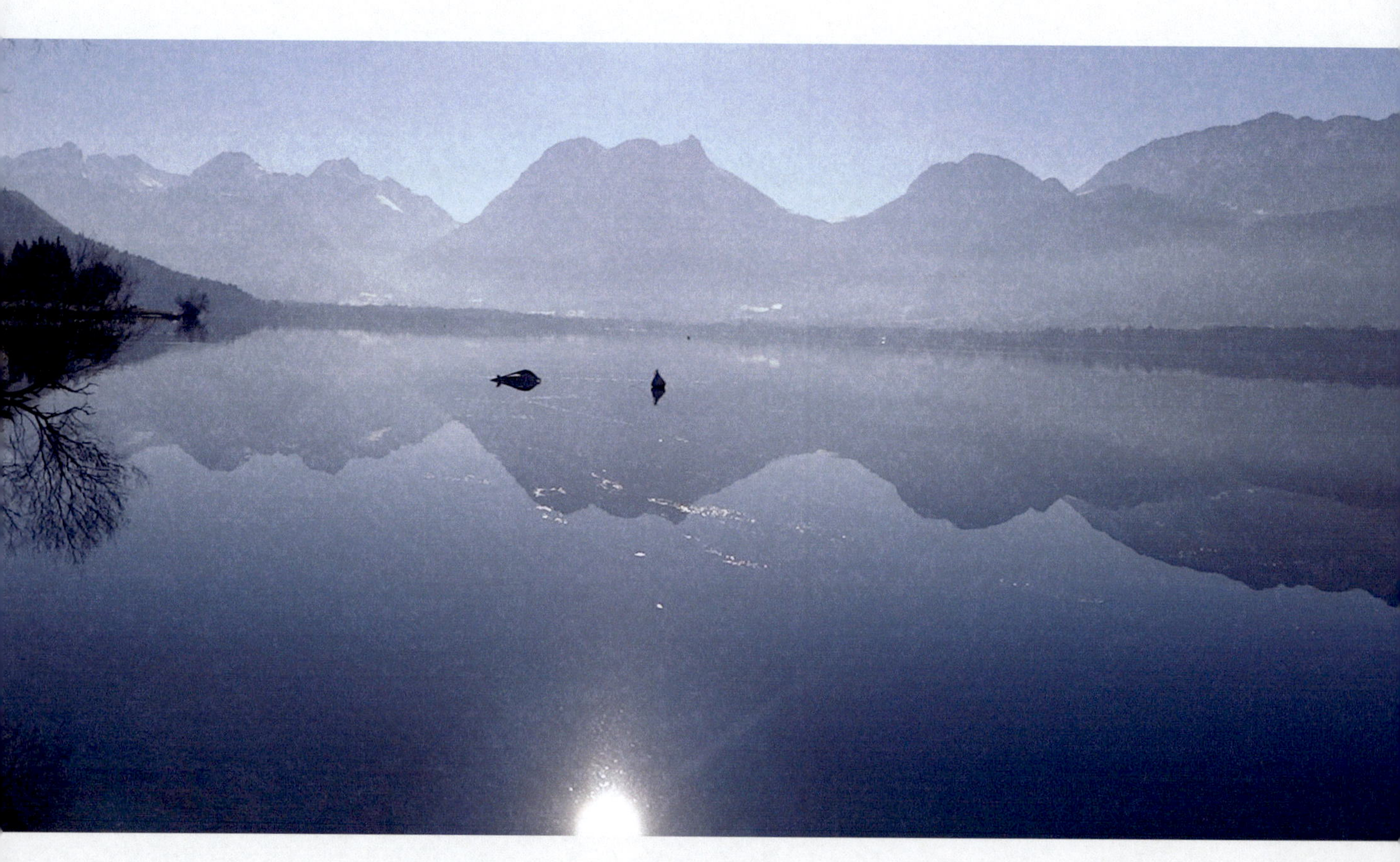

Il était une fois une fée qui habitait près du plus joli lac aux fées qui soit. Son père et sa mère, des libellules, l'avaient mise au monde un jour de grand froid, petite larve cachée sous une feuille de roseau. Quand elle avait ouvert les yeux, un univers extraordinaire s'était offert à elle, un monde si merveilleux que ce ne pouvait être celui des hommes.

La beauté des eaux était indescriptible, aussi en gardait elle la vision dans son coeur, pour guérir un jour quelque malheureux et lui apporter le bonheur.
Ses parents l'avaient appelée Korrinette du nom d'un lointain cousin issu des légendes bretonnes, Korrigan bienfaisant au grand coeur.

Elle avait appris à voler dès sa naissance, mais à la différence de ses parents, n'avait pas besoin de nourriture pour subsister: les fées sont immortelles.

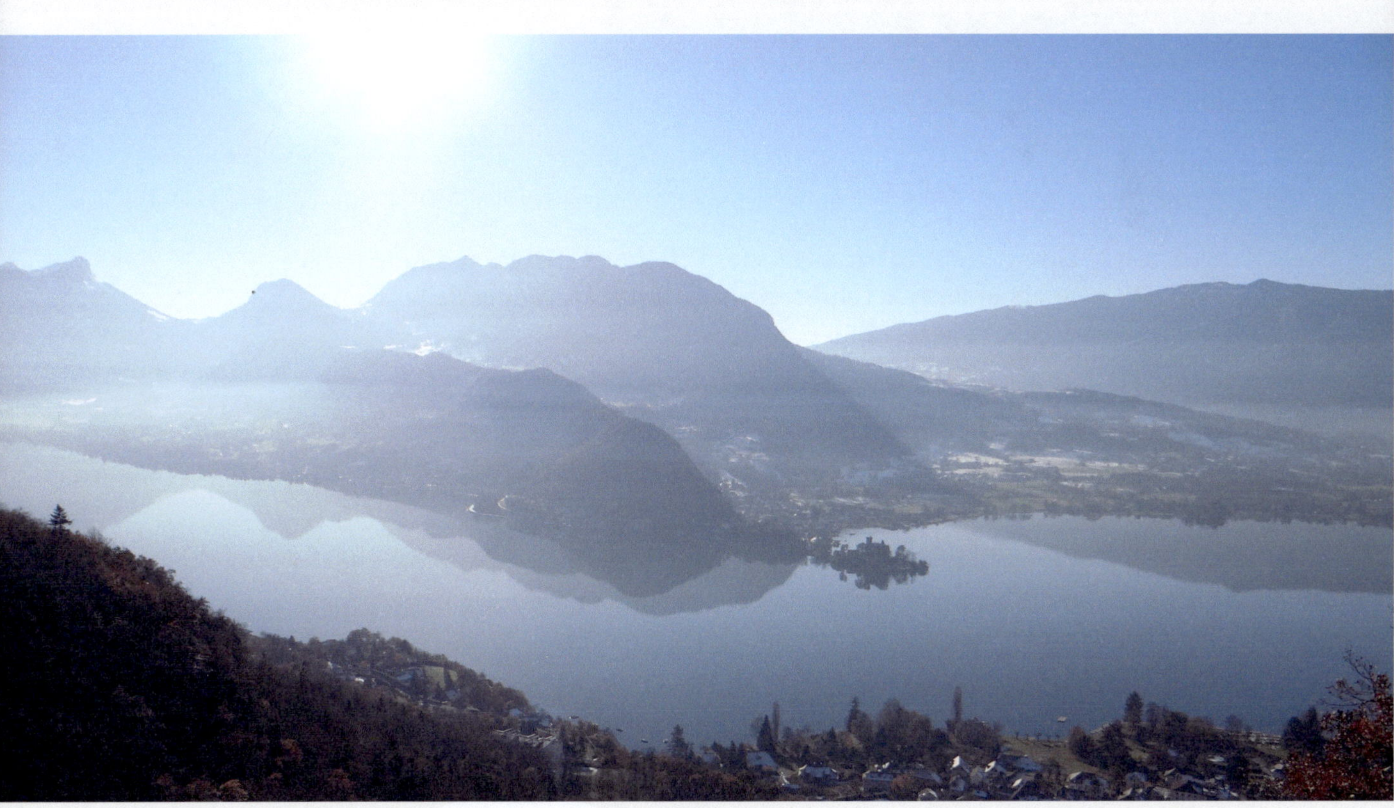

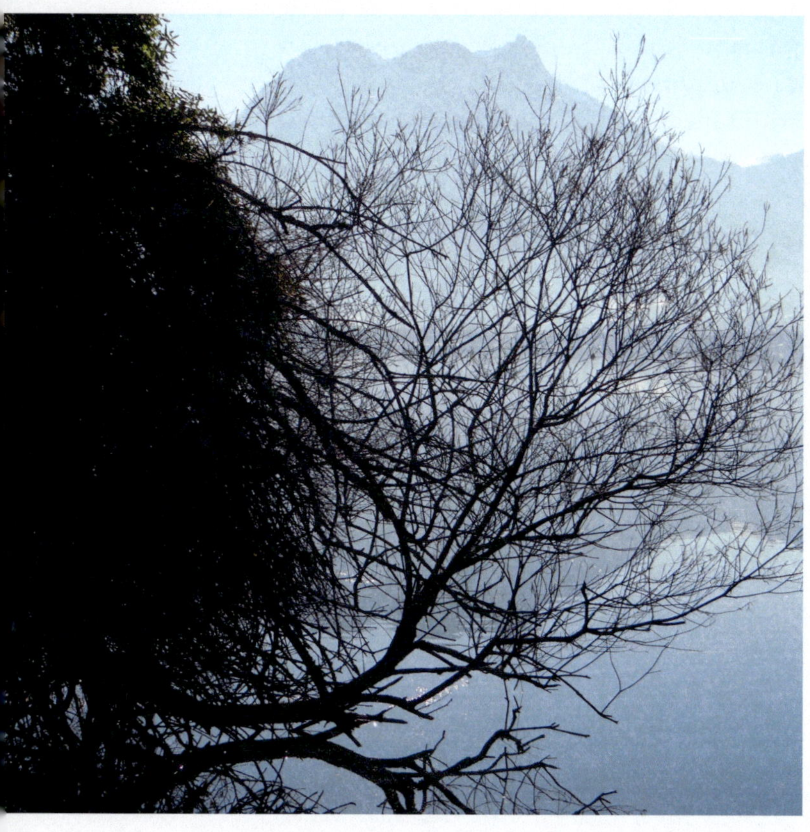

Ses petites ailes battaient sous l'effet de l'énergie produite par le
soleil, et lorsque celui-ci ne brillait pas, par l'effet de la chaleur
dégagée par les effluves tempérées du lac.

Elle perdit ses parents très vite, les libellules étant comme les
rêves des enfants: éphémères.
Elle déposa leurs corps dans des boules de cristal qui scintillaient
chaque soir comme des lucioles.
Elle était ensuite passée sous la protection de la bonne " Phé
mère"qui la guiderait et l'éduquerait dans sa quête de dispenser
le bonheur aux hommes.

Korrinette était jolie, roussette pétillante aux yeux perçants et
elle aimait particulièrement les enfants.

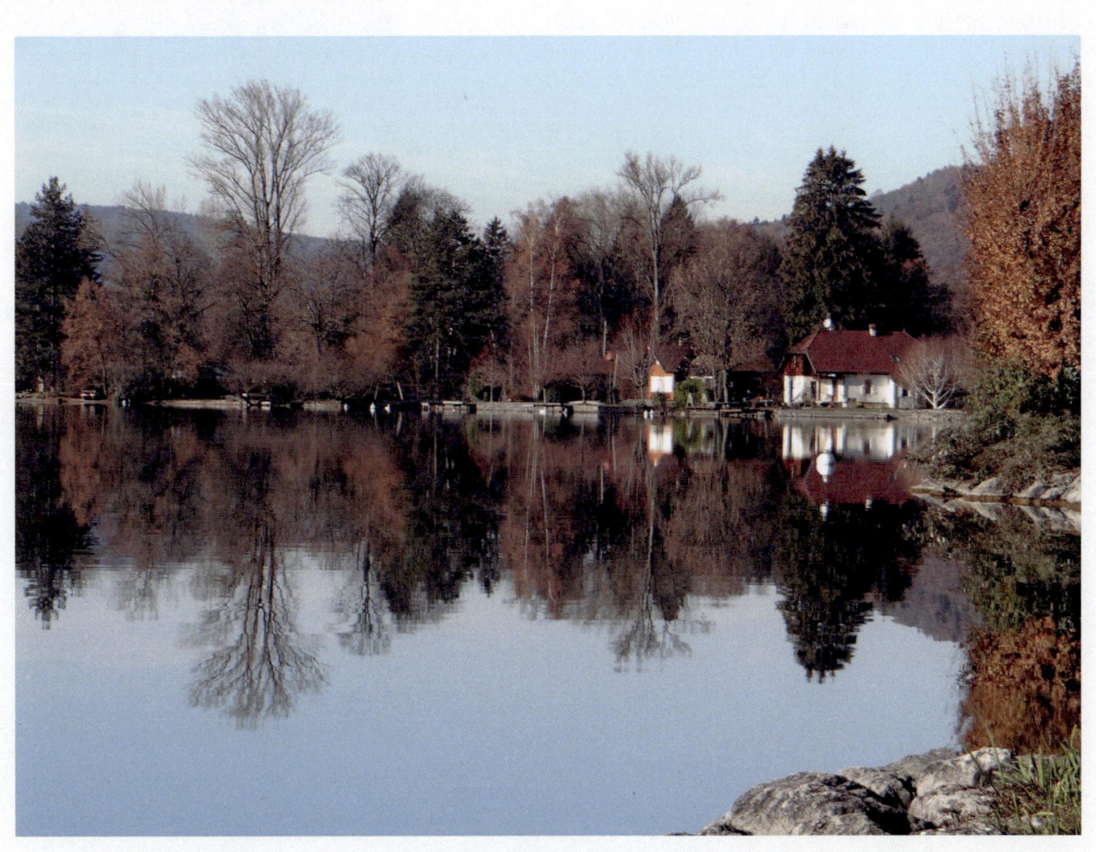

Quand elle volait au crépuscule le soir au bord du lac, elle
regardait parfois par la fenêtre des maisons et aimait les voir
jouer et rire.
Elle ne comprenait pas les parents qui se fâchaient et les
grondaient, car elle avait déjà appris que cela ne menait à rien.
Elle ne savait pas encore comment jeter des sorts pour empêcher
ces situations, mais préjugeait déjà qu'ils devraient être joyeux et
non pas mauvais.

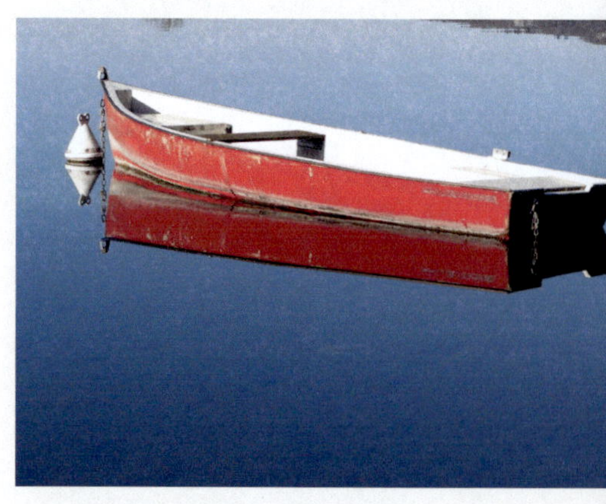

Korinnette aimait son lac. Elle avait pris demeure dans une
vieille épave échouée tout au fond de la roselière et l'avait
aménagée avec goût.

Elle était douée et apprenait vite sa condition féérique, offrant
grâce, beauté et réconfort aux enfants.

Elle ne tarda pas à recevoir son premier balai magique de la part
de la Phé mère, symbole de sagesse pour qui sait balayer d'abord
devant sa porte.

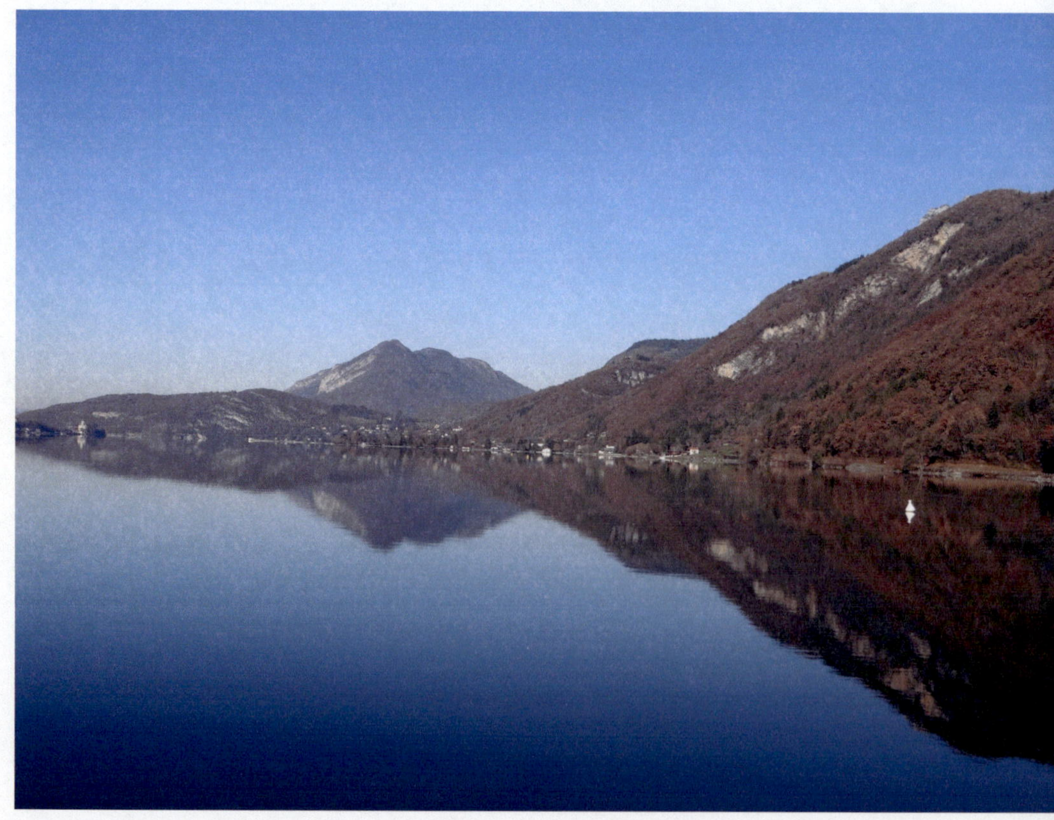

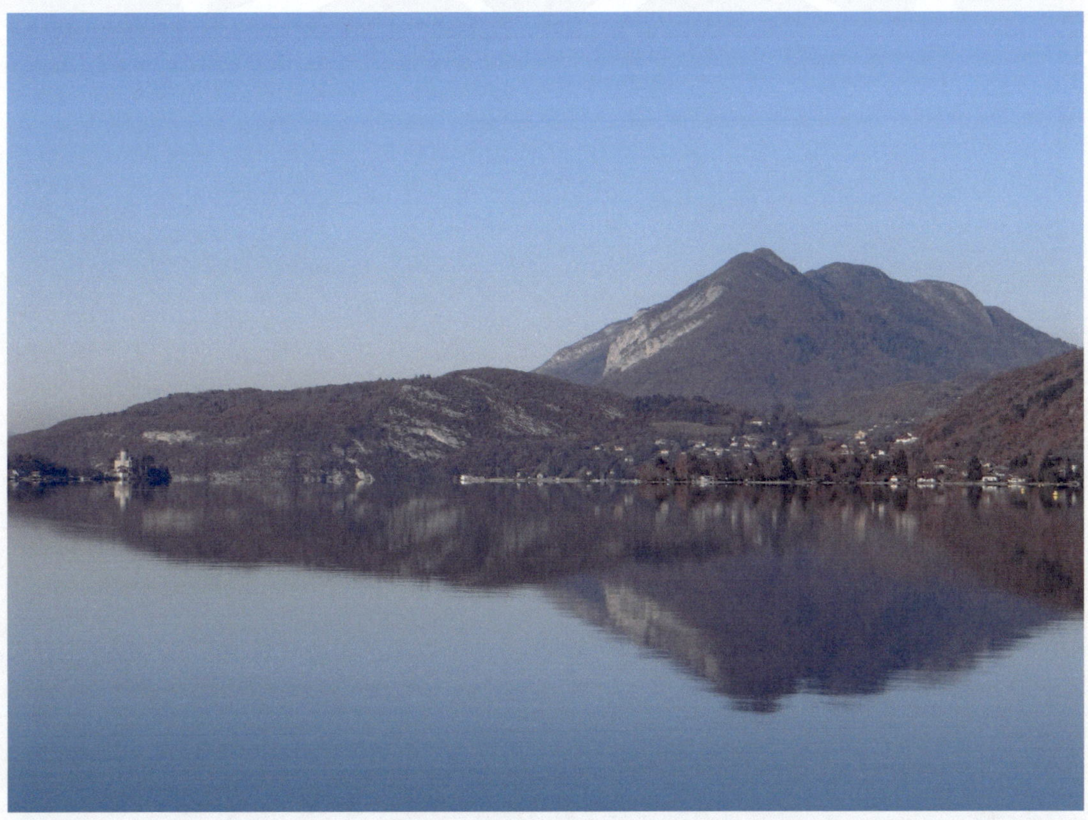

Chaque année humaine voyait le bilan des bonnes actions de la fée, avec l'attribution d'un balai magique à la clé.

Ce premier balai lui permit de développer ses dons pour porter assistance à ses amis les animaux qui étaient ses voisins dans le marais.

Elle apprit aux grenouilles à se maquiller de vert pour danser et sauter, aux canards à se lustrer la plume pour scintiller losqu'ils volaient dans le ciel, aux poissons à faire des ronds de queues dans l'eau...

Elle reçut alors son deuxième balai magique.

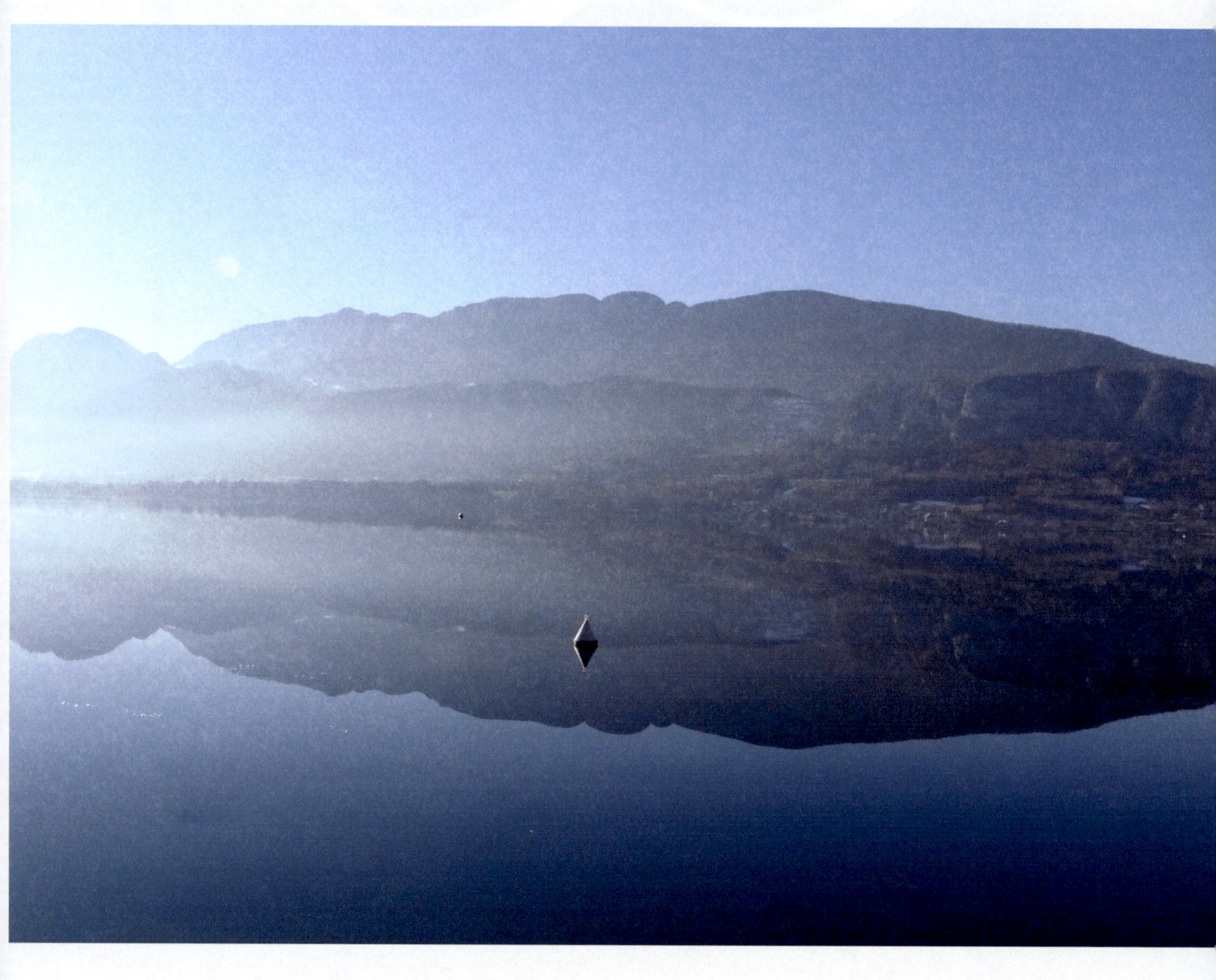

Elle l'enfourcha et s'envola parcourir et découvrir les berges du lac, où fleurissent les belles saisons du printemps et de l'été.

Elle aida les fleurs à s'ouvrir, le soleil à briller, la chaleur à provoquer les éclosions du petit monde lacustre invisible.

Elle obtint le balai magique suivant.

Ce fut ensuite son union avec la pureté de l'eau: ses teintes vertes mêlées de turquoise et de gris, sa fraîcheur des profondeurs et son parfum si subtil de neutralité aqueuse contenue dans son goût perlé.

Avec le quatrième balai, elle apprit à remuer cette masse liquide à sa guise, tantôt charmeuse tantôt grondante.

Elle comprit ainsi comment colporter la pureté des eaux jusqu'aux espaces infinis de l'océan des étoiles filantes.

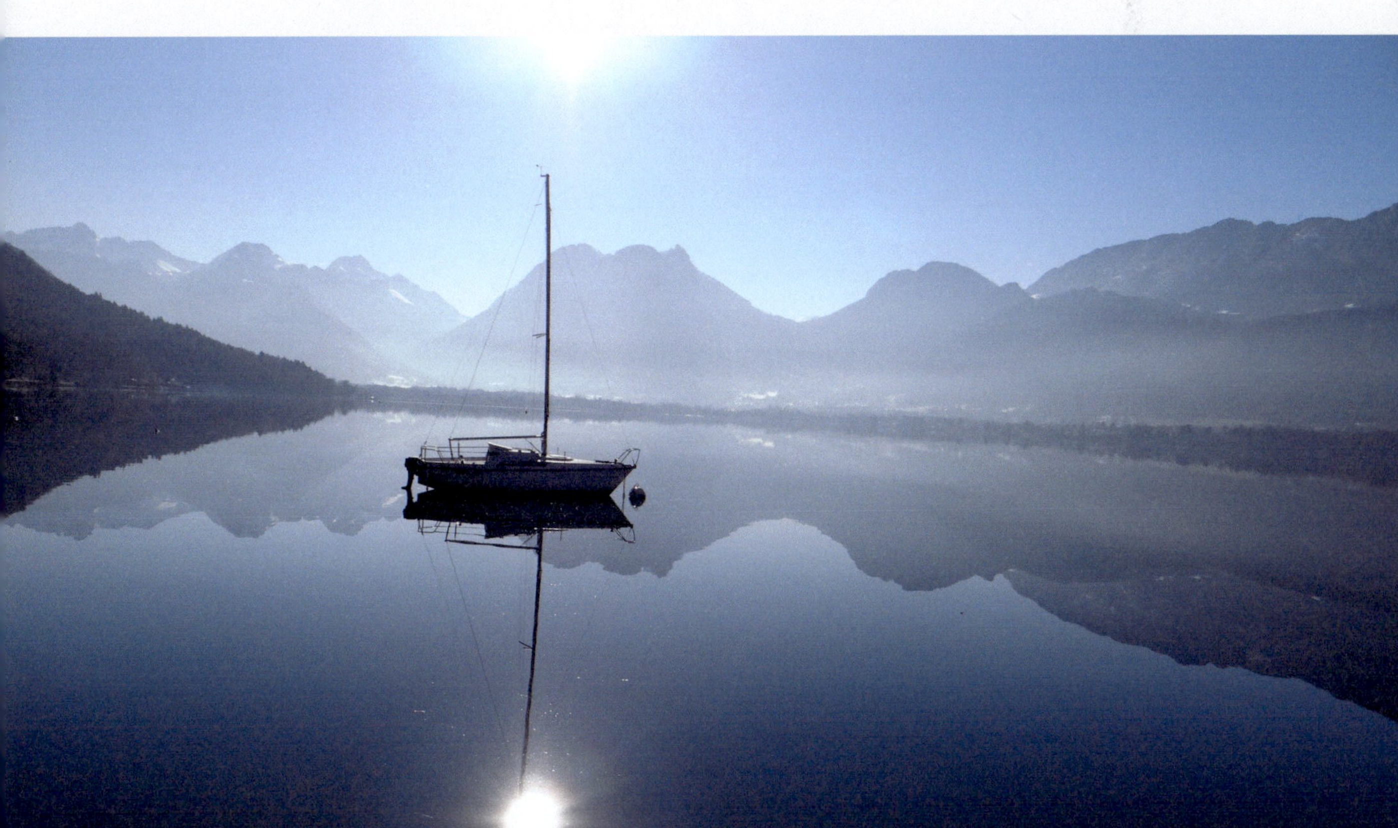

Son cinquième balai vint clôturer son premier cycle
d'initiation et lui permit de maîtriser son environnement et de
venir en aide à ses amis les animaux.

Les fées sont immortelles, alors se reposa t-elle, usant
tranquillement de ses pouvoirs, sans abus comme l'aurait fait
un être humain ordinaire.

Phé mère lui attribua un balai supplémentaire pour sa sagesse.

Jusqu'à son vingtième balai, elle s'initia à la vie, aux autres, aux
sentiments balayant son coeur et son âme de toutes les facultés
magiques qui permettent d'aller plus loin que soi, c'est à dire
jusqu'à l'autre.

Pour ses dix-huit balais, elle avait acquit son diplôme de bonne
fée et son indépendance.

Elle siègerait désormais au grand conseil des fées, pour donner
ses idées et son expérience à l'assemblée.
Elle servirait ainsi la collectivité de sa toute nouvelle sagesse.

Devenue autonome, elle avait reçu son insigne de fée
pratiquante: une magnifique balayette dorée qu'on lui
implanta en piercing sur l'aile droite.

Elle passa également son permis à balai magique, pour
voyager en dehors du temps.

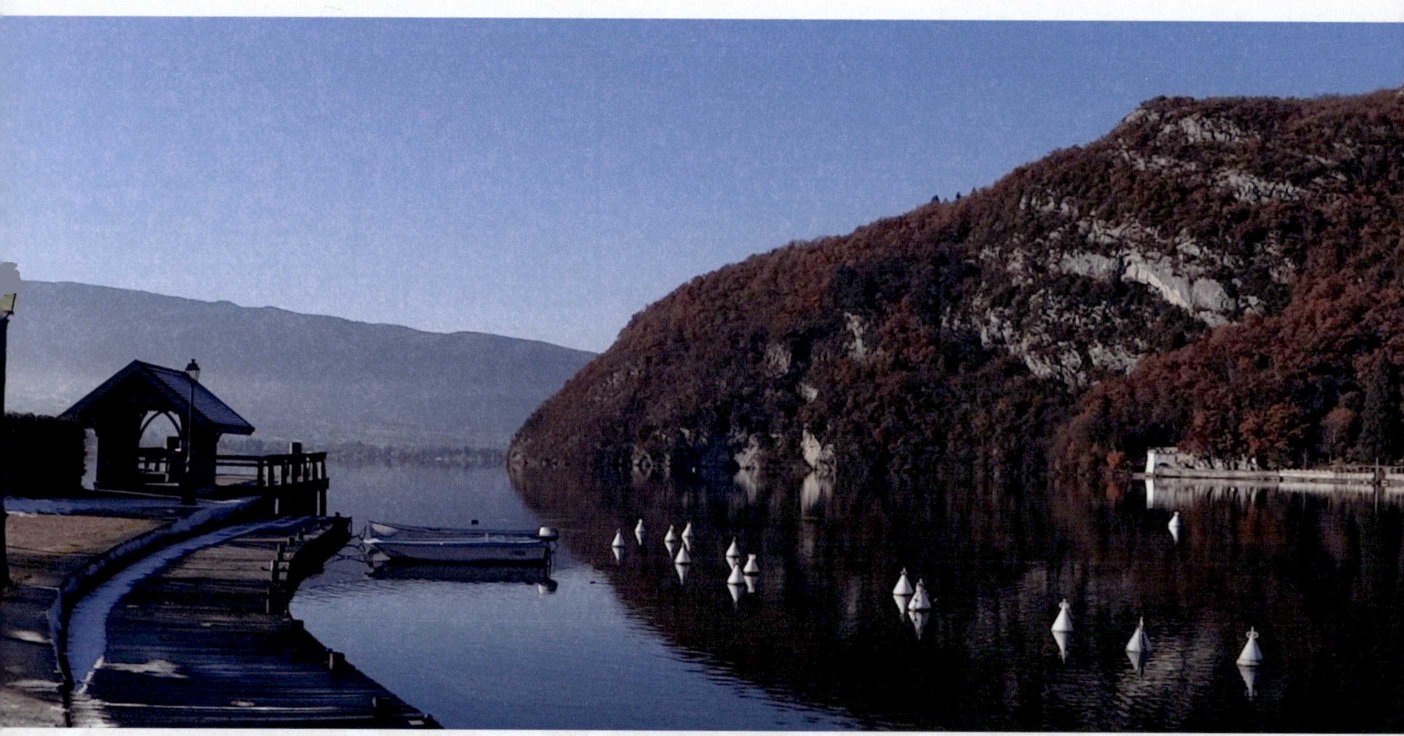

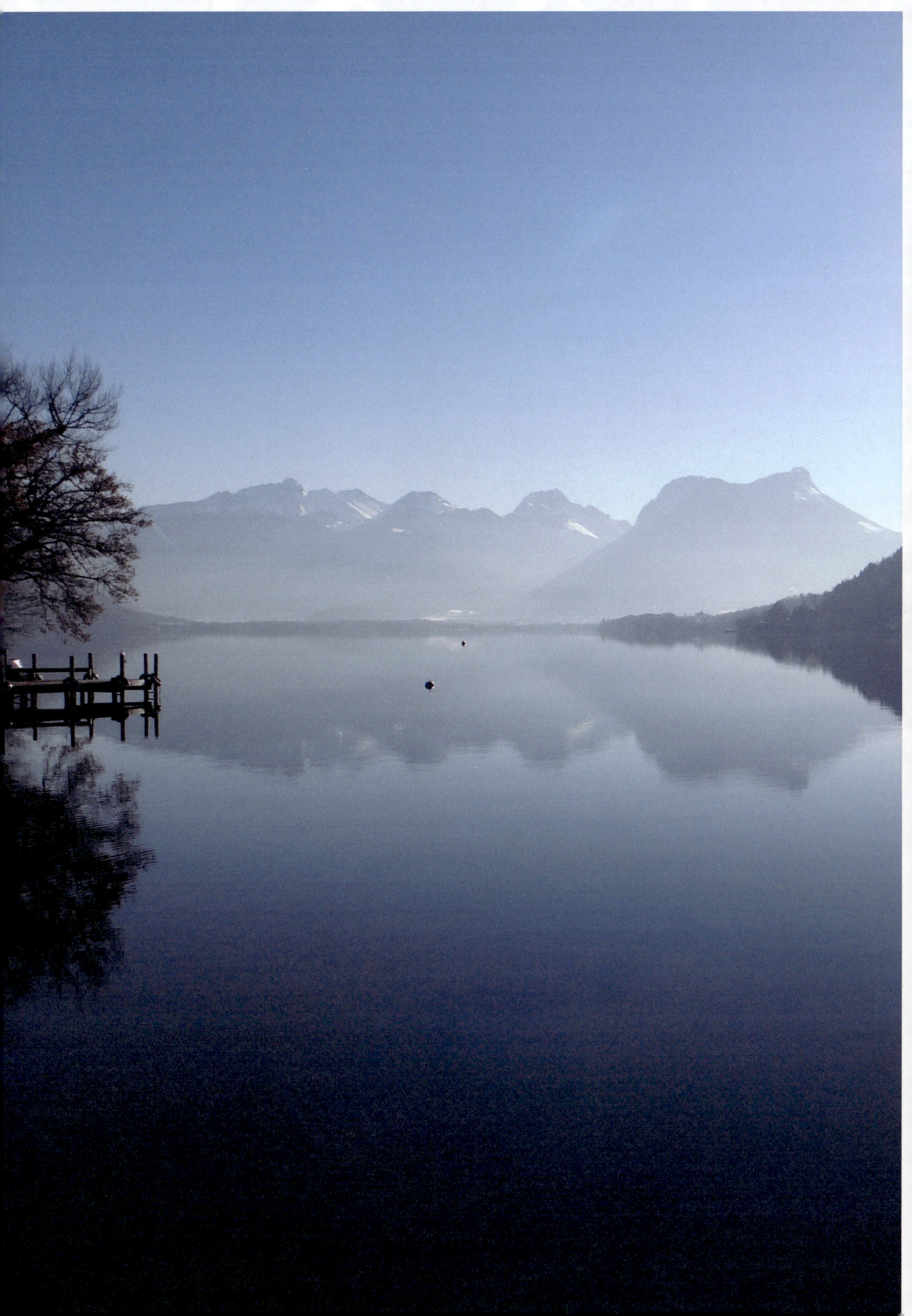

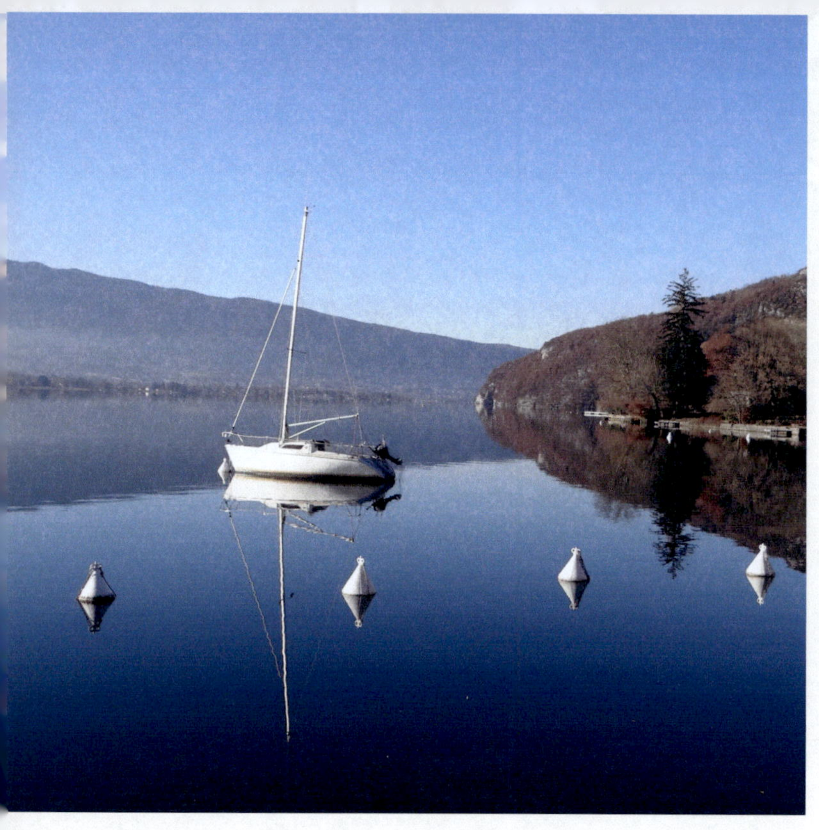

Korrinette avait fort à faire pour pallier au désespoir des
habitants du lac.
Ce n'était pas tant les problèmes matériels qui rendaient les
esprits tristes et empreints de vague à l'âme et polluaient cette
magnifique région.

C'était ce manque d'espoir en l'avenir, ce futur sans rêves, cette
absence, ce trou sans fin du temps qu'aucun dirigeant des
humains n'avait le courage de prendre en main dans sa
gouvernance.

L'immobilisme de cette société sans relief n'augurait rien de
bon et Korrinette déployait beaucoup d'énergie à combler ce
vide: l'envie de vivre et l'espoir dans l'avenir.
Elle jouait son rôle à merveille, avec dans le coeur tant de
réconfort que sa renommée avait fait le tour du lac.
On venait la consulter depuis l'autre rive, même depuis la ville
pour trouver quelques recettes personnelles à son bonheur.

Et puis un jour, peu après son vingt et unième balai...

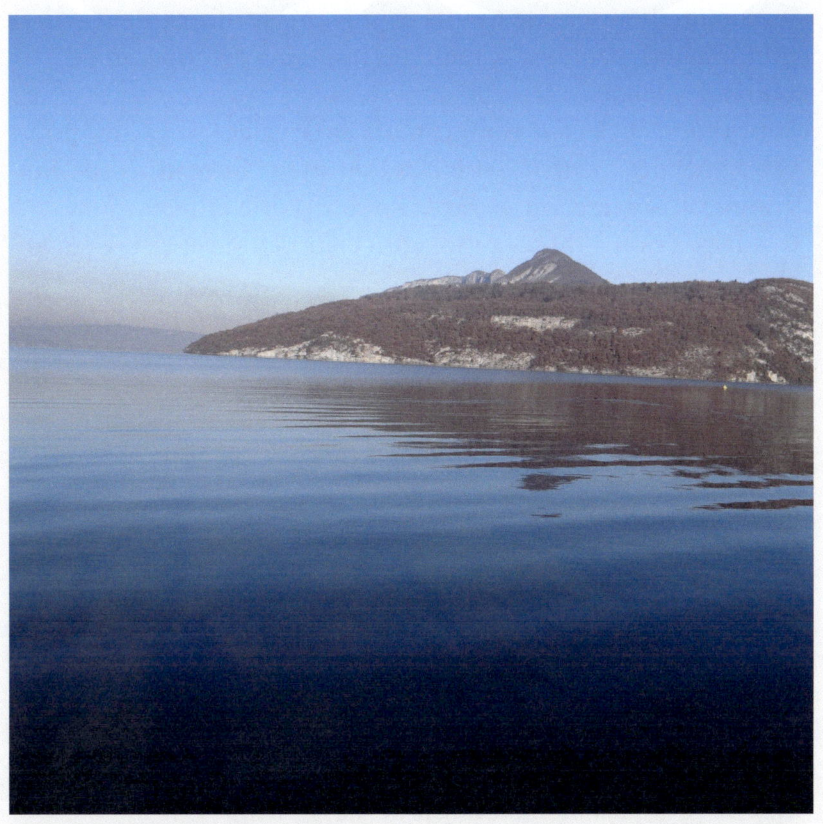

La pluie avait cessé de tenter de noyer le lac. Un arc-en-ciel
éclairait de son présage les montagnes en guirlandes
annonçant Noël.

Il entra dans l'épave, elfe perdu dans ce monde sans esprits.
Korrinette sut: elle sut immédiatement au rythme de son
coeur que cet être frêle et craquant lui apporterait l'amour à
son tour.

Elle lui frôla la joue de son aile toute frémissante de plaisir.
Le visage du farfadet s'éclaira, les balais magiques se mirent à
danser le ballet des manches.
Ce fut un moment de totale démesure pendant laquelle la fée
et son nain commirent le réparable puisque qu'on peu le
reproduire autant de fois que l'on s'aime.

Marktapierre, c'était son nom, s'installa donc aux côtés de la
belle pour la faire vivre d'éternité.
Il venait des contrées lointaines où les Petits Hommes Cornus
régnaient.
Il cherchait la lumière en la personne d'une âme soeur, qu'il
venait enfin de découvrir.

Ils acquirent ensemble les balais suivants jusqu'au trentième, multipliant les soins aux malades humains du coeur et du cerveau.

Leur renommée était établie, mais ils devaient se cacher pour prodiguer ces bienfaits: chez les hommes, l'humanité, surtout gratuite et sincère, est passible de sorcellerie et de condamnation à mort et rare sont ceux qui savent et osent la partager et l'enseigner.

Il faut dire que Korinnette, du haut de ses trente balais, avait de quoi balayer devant sa porte et donc l'expérience de le faire au chevet de ses malades.

Le monde ne changeait pas. Il ne changerait jamais et la petite fée obtenait des balais à la pelle en agissant dans l'ombre pour guérir toujours plus d'humains.

Marktapierre l'admirait et l'assistait jour après jour.

Korrinette et Marktapierre virent leur travail récompensé par un balai d'honneur, les poils tissés en crins d'or.

Il scella définitivement leur union.

Elle soignait les plaies du coeur, lui soignait celles de la chair avec ses grandes mains douces et magiques.

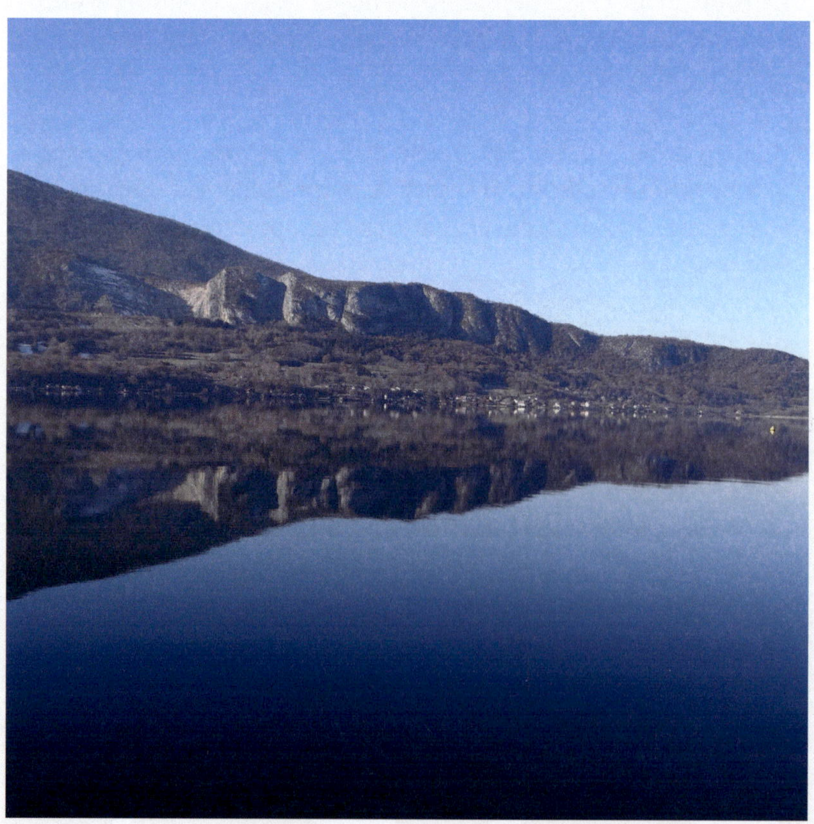

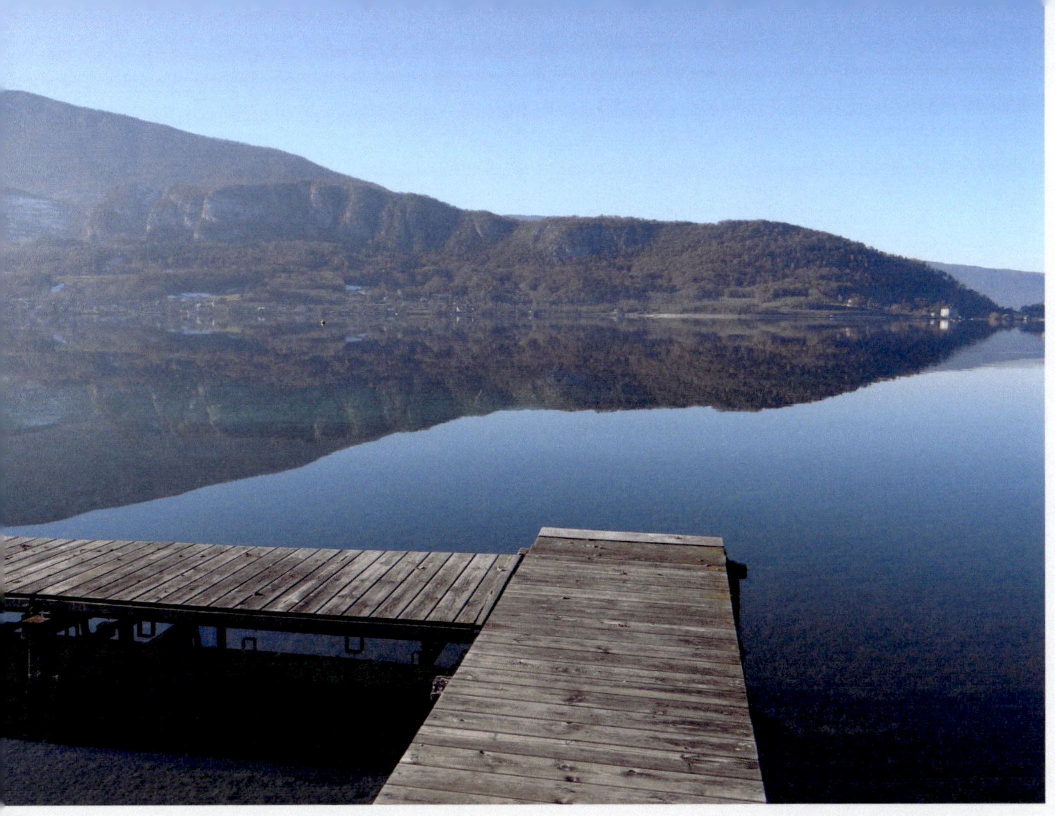

L'affluence augmentait de jour en jour.
Korinnette et Marktapierre était au four et au moulin.

De plus en plus de gens étaient malades, au point que les deux
magiciens se demandaient quelle était la finalité de cette
condition humaine, à part son terme incontournable de devoir
mourir un jour en mal d'éternité.

Les balais s'amoncelaient pour valider les compétences de la
petite fée.
Elle venait d'atteindre ses quarante sept balais bien tassés.

Ce fut à cette époque que les consultations commencèrent à
diminuer lentement, puis de façon significative.

Leurs soins associés, la thérapie écologique faisant découvrir
aux habitants les vertus lacustres de leur environnement,
semblaient avoir raison de l'épidémie de mal vivre des
humains.

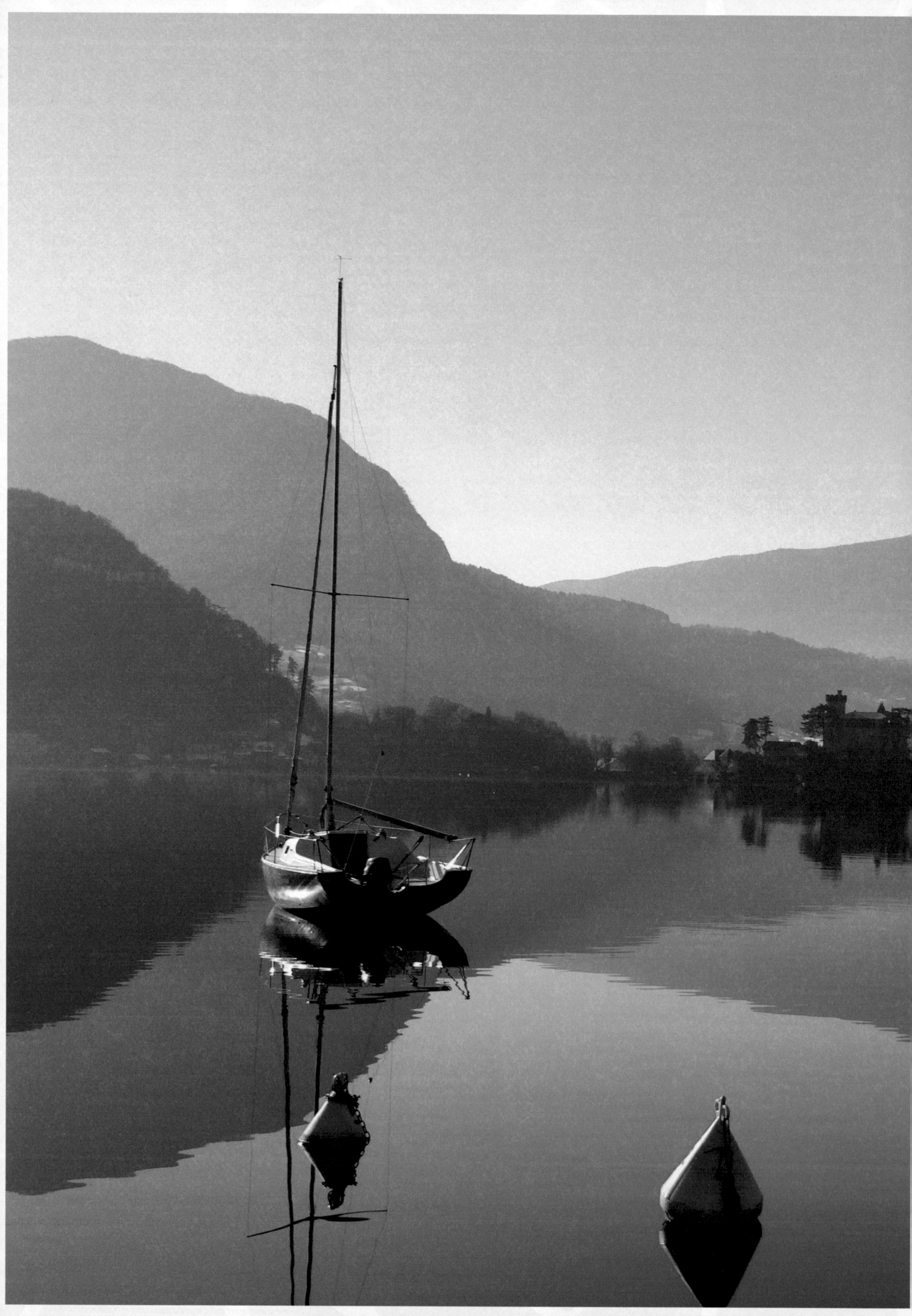

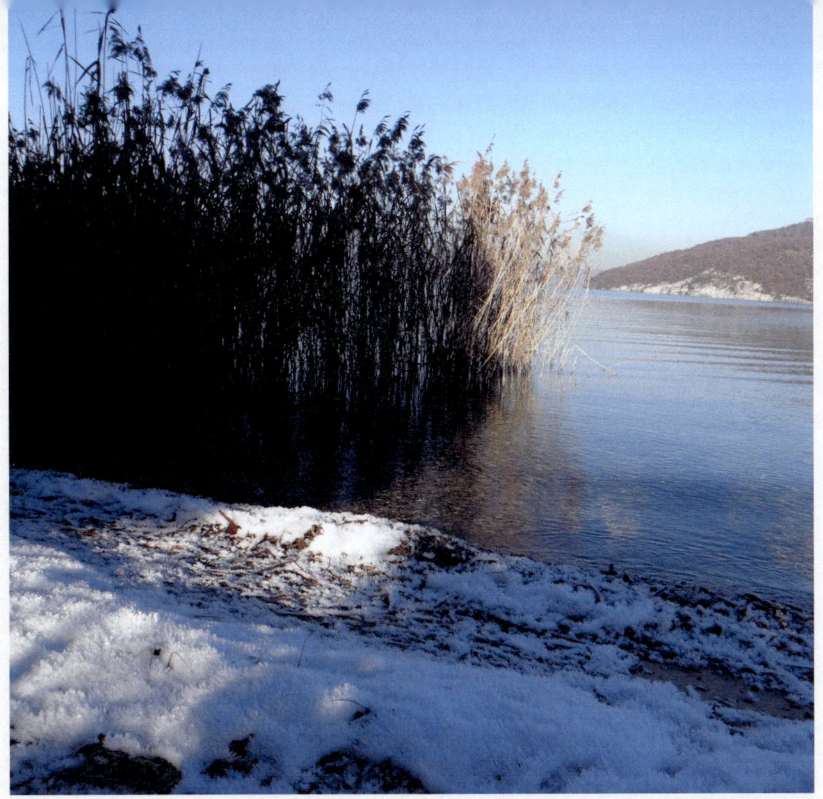

Les guérisons s'enchaînaient et seuls quelques malades
continuèrent à consulter.

Les nouveaux nés furent soignés par l'absorbtion de l'eau du
lac dont la pureté tenait lieu de vacccin.

Le jour de ses cinquante balais, tout le monde était guéri et
Korrinette et Marktapierre se retrouvèrent sans humains à
soigner.

Tous les hommes de leur entourage étaient heureux.

Ils surent qu'ils avaient trouvé là leur forme d'éternité bien
différente et bien plus riche que celle du temps qu'ils
possédaient pourtant.

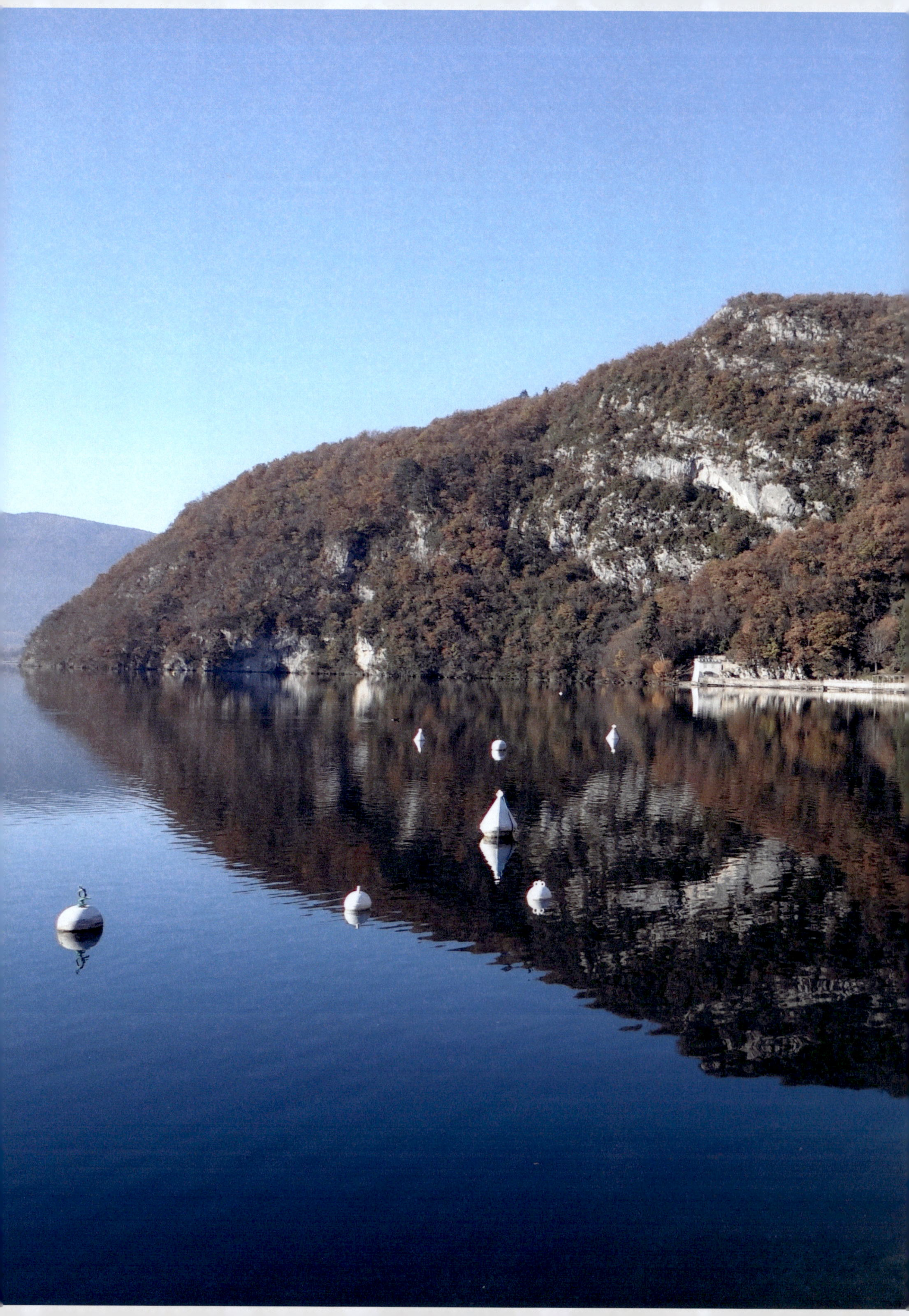

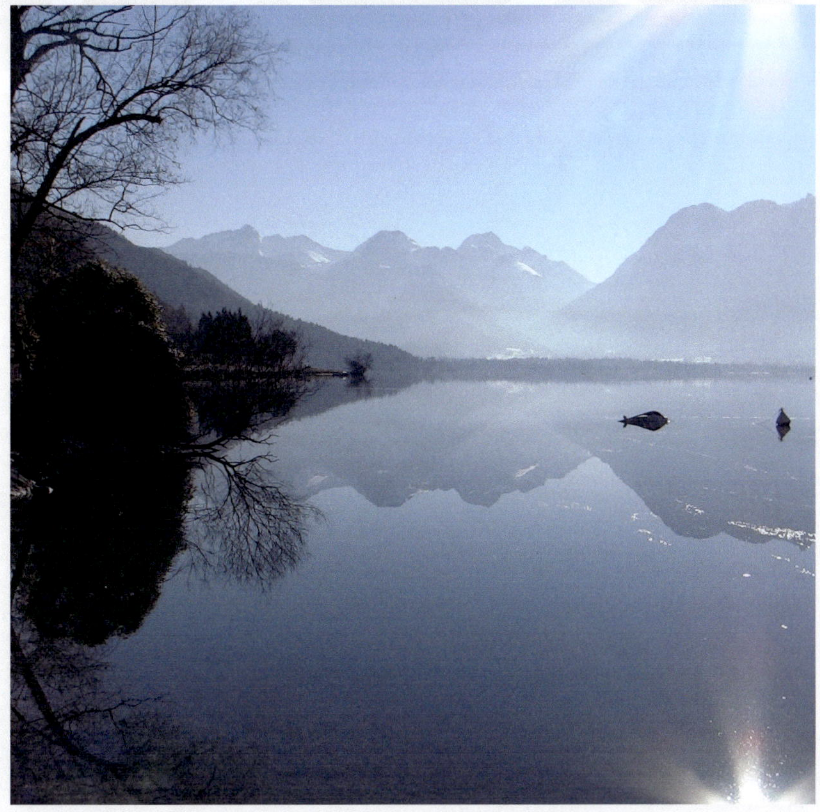

Il avait fallu cinquante balais pour que la petite fée et son compagnon atteignent leur but en passant tous les instants de sa vie à donner un coin de ciel bleu à tous ceux qui étaient devenus leurs amis.

Korrinette sut qu'il lui faudrait passer le reste de son immortalité à entretenir son amitié avec chacun, balai après balai.

Korrinette et Marktapierre se regardèrent alors sans un mot.

Ils prirent les cinquante balais et allumèrent un grand feu de joie.

Une fois les cinquante balais consummés, des rides apparurent aux coins de leurs yeux, leur conférant une beauté et une jeunesse absolue.

Korrinette et Marktapierre venaient d'avoir cinquante ans.

Ils étaient devenus des humains avec le plus beau des cadeaux.

La certitude qu'après leur immortalité viendrait désormais ce que la vie réserve de plus absolu: avoir le droit de disparaitre pour toujours en ayant vécu son éternité.

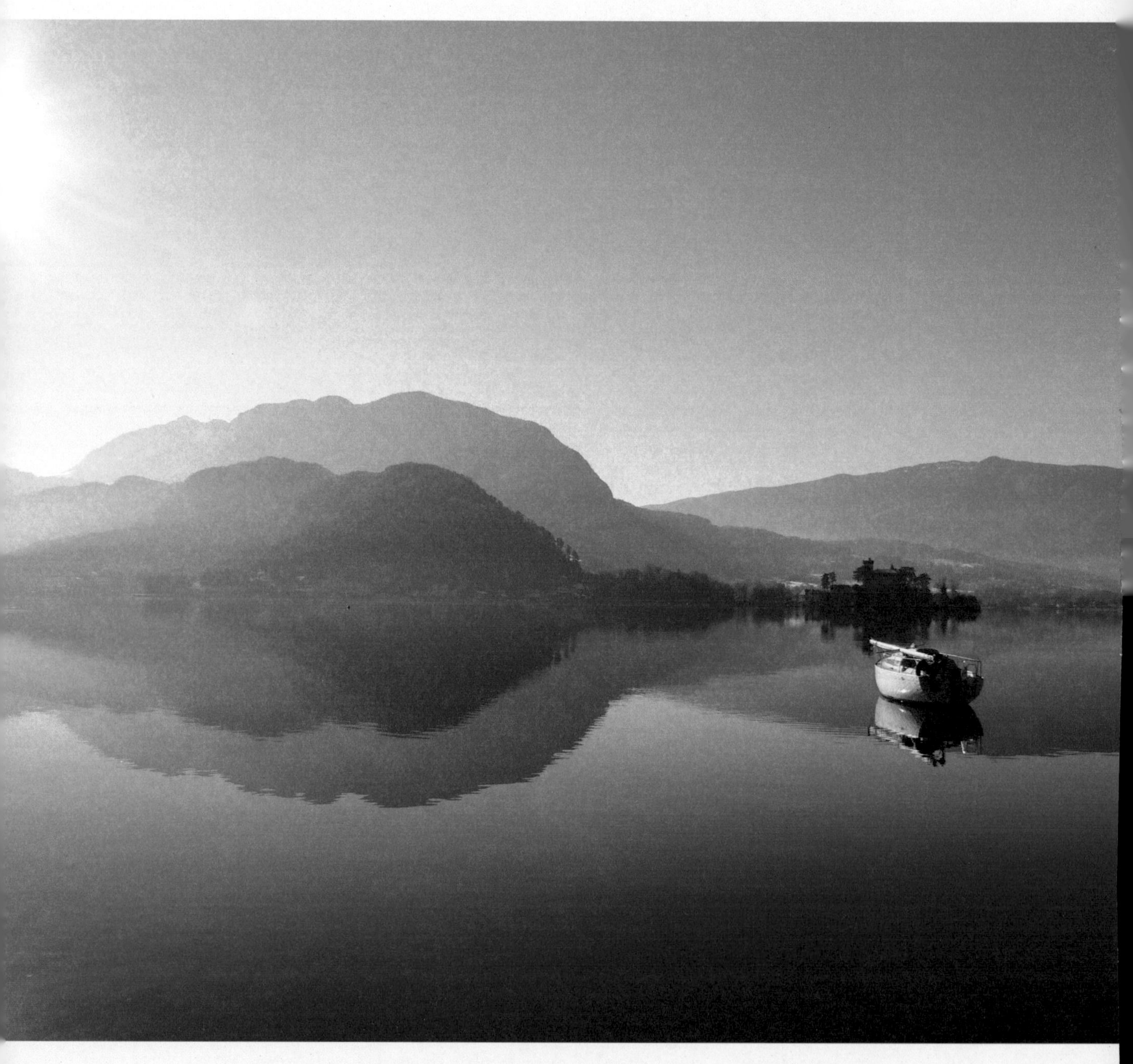